UNE RÉVISION CONSTITUTIONNELLE SUPERFLUE

Du même auteur

– *Sous la signature « Vidal Ponsin »*
Traitement de surface (2002)
La Dame de La Chesnaie (2002)
Tant va la cruche à Law (2003)
Si ce n'est pas vrai… (2003)

– *Sous la signature « Médéric »*
Retour de bâton (2004)
Lambert (2005)
De pièces et de morceaux (206)
Un maître chanteur (2006)
L'affaire Bagnères (2007)
Un remède pire que le mal (2008)
La passion d'Émilie (2009)
As-tu une intime conviction ? (2010)
Au-delà de l'Horizon (2011)

– *Sous la signature « Lucien M. Martin »*

Cet homme était-il Dieu ? (2011)

La Rédemption, qu'est-ce donc ? (2012)

Georges H. (2014)

Démocratique, notre République ? (2015)

UNE RÉVISION CONSTITUTIONNELLE SUPERFLUE

LUCIEN M. MARTIN

KANDIRALOR Éd

S'« *il est parfois nécessaire de changer certaines lois, ...le cas est rare, et lorsqu'il arrive, il ne faut y toucher que d'une main tremblante* ». Peut-être trouvera-t-on ce jugement de bien peu d'actualitaé. Assurément, car c'est en 1748 que Montesquieu l'écrivait dans son « Esprit des Lois ». Qui, aujourd'hui, oserait dire qu'il est rarement nécessaire de changer des lois ? Et, pourtant... D'ailleurs, de nos jours, on ne se contente pas de changer les lois, mais on en imagine de nouvelles en toutes occasions et, que ce soit pour en modifier ou en créer, elles sont volontiers de plus en plus prolixes. Ainsi, par exemple, on a pu, il y a quelques années, publier un livre sous le titre réaliste « Ubu loi » [1], avec un sous-titre inspiré de la formule (fiscale) attribuée à Lanfer, auteur de la fameuse courbe : « trop de lois tue la loi ! ». Prurit et prolixité obligent aujourd'hui à considérer l'adage qui assure que « nul n'est censé ignorer la loi » comme une plaisante [2] antiphrase. Cette « inflation » législative est une excellente illustration du fait que quantité et qualité ne font pas toujours bon ménage.

Dégrader ainsi le crédit que devrait inspirer la loi est socialement et politiquement grave. Mais combien plus grave encore serait de saper l'autorité, l'ascendant qu'exerce ou devrait exercer cette loi suprême, cette « loi fondamentale », cette Loi des lois qu'est la Constitution.

---

[1] Philippe SASSIERE et Dominique LANSOY, « Ubu loi », Fayard.
[2] Plaisante... pas vraiment, car, dans l'ignorance où il est trop souvent de ce qui est interdit en raison du maquis législatif, le citoyen est amené à une démarche qui, prosaïquement, n'est pas si loin de la recherche de ce qui est permis à l'opposé du principe démocratique essentiel selon lequel est permis tout ce qui n'est pas interdit par la loi.

Celle-ci est le socle, les fondations de l'état de droit. Elle fixe les grands principes qui régissent notre Société, à commencer par les « droits naturels et imprescriptibles de l'Homme », qui constituent la raison d'être même de notre Société, ce que j'ai Appelé son « objet social » [3]. Moins que les autres lois, la Loi fondamentale n'a à entrer dans le détail des règles qui gouvernent notre vie nationale, hormis lorsqu'il apparaît nécessaire et justifié de limiter, d'encadrer, d'inspirer l'initiative du législateur. Or, à la différence du quotidien, les principes fondamentaux ont, par nature, une grande stabilité. C'est dire que ce n'est que « d'une main tremblante » que l'on doit se risquer à toucher à la Loi fondamentale ; et ce, d'autant plus que, à la différence de la prolixité législative, que condamne en chaque occasion le Conseil Constitutionnel, il n'existe précisément ni contrôle, ni sanction juridictionnels d'une modification malvenue de la Constitution [4].

Est-ce donc « d'une main tremblante » que François Hollande projette une nouvelle modification de la Constitution ? Ce qu'il avait, en effet, annoncé impromptu le 16 décembre 2015 devant le Congrès réuni à Versailles a pris la forme du projet de révision constitutionnelle dont il faut ici rappeler la teneur.

Il comporte deux articles.

Le premier tend à insérer après l'article 36 de la Constitution [5] un article 36-1, libellé comme suit :

« *Art. 36-1. - L'état d'urgence est déclaré en conseil des ministres, sur tout ou partie du territoire de la République, soit en cas de péril imminent résultant d'atteintes graves à l'ordre public, soit en cas*

---

[3] V. « Démocratique, notre République ? », p. 31.
[4] Si l'on y réfléchit un instant, un tel contrôle aurait le double défaut de ne pouvoir reposer sur aucun fondement véritable et d'interdire toute évolution constitutionnelle.
[5] Relatif à l'« état de siège ».

d'évènements présentant, par leur nature et leur gravité, le caractère de calamité publique.

« La loi fixe les mesures de police administrative que les autorités civiles peuvent prendre pour prévenir ce péril ou faire face à ces événements.

« La prorogation de l'état d'urgence au-delà de douze jours ne peut être autorisée que par la loi. Celle-ci en fixe la durée. »

Le second bouscule quelque peu le deuxième alinéa du premier paragraphe de l'article 34 [6], désormais consacré à la seule nationalité, tandis que les reliefs de l'ancien deuxième alinéa deviennent un nouveau troisième alinéa :

« L'article 34 de la Constitution est ainsi modifié :

1° Le troisième alinéa est remplacé par les dispositions suivantes :

« la nationalité, y compris les conditions dans lesquelles une personne née française qui détient une autre nationalité [7] peut être déchue de la nationalité française lorsqu'elle est condamnée pour un crime constituant une atteinte grave à la vie de la Nation ; »

2° Après le troisième alinéa, il est inséré un alinéa ainsi rédigé :

« l'état et la capacité des personnes, les régimes matrimoniaux, les successions et les libéralités. »

État d'urgence, avec les pouvoirs exorbitants du droit commun ainsi temporairement conférés à l'exécutif, déchéance de la nationalité française, ce sont là, certes, des sujets graves. Mais il est grave aussi de toucher à la Loi fondamentale. Ces sujets, du moins les moyens et

---

[6] Texte très important qui définit le domaine de compétence de la loi.
[7] Il serait envisagé de supprimer ici la référence à la binationalité.

procédure ainsi envisagés sont-ils donc tels qu'ils justifient un projet aussi exceptionnel ?

La chose est discutée mais, curieusement, assez peu, surtout si l'on constate qu'elle occupe bien moins les esprits que la pertinence ou la légitimité des mesures elles-mêmes. Ainsi, avant même de s'interroger sur la pertinence du choix de la voie constitutionnelle pour introduire ces innovations dans notre Droit, c'est la légitimité de ces mesures qui fait problème.

Il est important de préciser que les développements qui suivent ne reposent sur aucune option idéologique, politique ou philosophique, mais seulement sur la lecture des textes fondamentaux, tels qu'ils sont, qu'ils me plaisent ou non. À partir de là, libre à chacun de proposer les changements législatifs qui lui semblent souhaitables.

Cela précisé, dans un cas, il s'agit de s'armer pour prévenir des « atteintes graves à l'ordre public ». Jusqu'à quel point est-ce légitime ? Jusqu'où les libertés publiques et individuelles peuvent-elles s'en accommoder ? Dans l'autre cas, il ne s'agit plus de prévenir, mais de sanctionner. Cela peut-il justifier de porter atteinte à cet élément premier de l'état des personnes qu'est la nationalité ? C'est la réponse à ces questions qui fera éventuellement apparaître la légitimité des mesures envisagées (I). Illégitimes, la question de la « constitutionnalisation » de ces mesures ne se poserait alors même pas.

Légitimes, elles peuvent être reçues dans notre Droit et participer à la définition de l'« état de droit ». C'est alors que se pose la question de la voie formelle à adopter pour ce faire : la révision constitutionnelle, vraiment ?. Une réponse positive est bien loin d'être évidente (II).

I
SUR LA LÉGITIMITÉ

On a vu qu'état d'urgence et déchéance, même s'ils ont en commun d'organiser les réactions de la Société aux atteintes ou menaces d'atteintes graves à l'ordre public ou à la vie de la Nation, sont de natures fondamentalement différentes : dans un cas, prévention d'une menace de gangrène, dans l'autre, amputation au cas d'échec.

Le danger de ces mesures pour les libertés individuelles et publiques est donc très différent ; la prévention est toujours plus dangereuse à cet égard, car elle limite nécessairement la liberté de nombreux citoyens qu'on suppose n'avoir encore rien commis qui menace l'ordre public ou la vie de la Nation, tandis que la sanction [8], légitime dans son principe même, ne met en jeu que les principes, si importants soient-ils, qui sauvegardent les droits de la défense et le respect plus généralement des droits de l'homme dans la détermination et l'exécution de la sanction.

Dans tous les cas qui peuvent être concernés par ces mesures, le principe de leur légitimité est inscrit dans l'article 2 de la Déclaration des Droits de l'Homme et du

---

[8] Je précise sans attendre que le mot « sanction » ne doit pas être pris ici dans son sens de « peine » ; sanctionner, ici, signifie plus largement « tirer les conséquences d'un fait ou d'une situation et les acter ».

Citoyen de 1789 : au nombre des « *droits naturels et imprescriptibles de l'Homme* », ces droits qui constituent la raison d'être même, l'« objet social » de notre Société, on trouve notamment la conservation de la sûreté. Il est évident qu'aucun de ces droits naturels n'est absolu, en ce sens que la conservation de l'un ne peut ni ne doit, sans contradiction, compromettre la conservation des autres [9]. On conçoit que c'est avec la liberté que la conciliation avec la sûreté est le plus délicate. Mais, c'est seulement, non dans le principe de l'atteinte de celle-là par celle-ci, mais dans les limites et conditions concrètes de cette atteinte que peut se situer l'examen critique des mesures qui portent atteinte à la liberté. Bien plus qu'avec la déchéance de nationalité (B), c'est avec l'état d'urgence (A) que le projet gouvernemental doit susciter la vigilance la plus aiguisée.

A – L'ÉTAT D'URGENCE

Les atteintes portées à la liberté, notamment, par les mesures prévues dans l'état d'urgence ne trouvent d'ailleurs pas seulement leur légitimité dans notre appareil constitutionnel. Des conventions ou traités internationaux associent de même sûreté et liberté, ce qui commande impérativement la coordination de ces deux droits fondamentaux.

1°) L'environnement international

L'article 5 de la Convention Européenne des Droits de l'Homme (C.E.D.H.) énonce que « *toute personne a droit à la liberté et à la sûreté* » ; quid s'il se trouve une circonstance dans laquelle la sûreté ne peut être assurée sans recourir à des mesures qui limitent la liberté des citoyens ? L'article 15 donne la réponse : « *1. En cas de guerre ou d'autre danger public menaçant la vie de la*

---

[9] J'ai développé cette idée, qui est, de fait, assez aisément méconnue, dans mon essai « Démocratique, notre République ? »

*nation, toute Haute Partie contractante peut prendre des mesures dérogeant aux obligations prévues par la présente Convention, **dans la stricte mesure** où la situation l'exige et à la condition que ces mesures ne soient pas en contradiction avec les autres obligations découlant du droit international »*. Ainsi est clairement affirmée la possibilité de restreindre notamment la liberté *« dans la stricte mesure »* où cela est nécessaire.

De même, en son article 3, la Déclaration Universelle des Droits de l'Homme (D.U.D.H.) dispose que *« Tout individu a droit à la vie, à la liberté et à la sûreté de sa personne »*. Et l'article 29, en termes certes différents mais aussi clairs admet que la liberté puisse être limitée pour les besoins de la sûreté : *« 2. Dans l'exercice de ses droits et dans la jouissance de ses libertés, chacun n'est soumis qu'aux limitations établies par la loi exclusivement en vue d'assurer la reconnaissance et le respect des droits et libertés d'autrui et **afin de satisfaire aux justes exigences** de la morale, **de l'ordre public et du bien-être général** dans une société démocratique »*.

Ainsi, quand, en 1955, est votée le 3 avril 1955, la loi qui introduit dans notre Droit l'état de nécessité, aussi bien la Constitution de 1946, qui demeure sous l'égide de la Déclaration des Droits de l'Homme et du Citoyen de 1789, que la C.E.D.H. signée en 1948 et la D.U.D.H. signée en 1950 admettaient, explicitement ou non, mais assurément, que les nécessités de la sûreté, due constitutionnellement par la Société aux citoyens pouvaient justifier des limitations temporaires de la liberté, également due à ceux-ci.

2°) La loi du 3 avril 1955

Il n'est ici question que de la loi dans sa rédaction résultant des diverses modifications qu'elle a subies depuis son vote initial, sous deux réserves seulement.

La première, qui est d'importance, réside en ceci que, initialement, l'état d'urgence ne pouvait être ordonné que par la loi (art. 2), alors que, cinq ans plus tard, l'initiative en est transférée au pouvoir exécutif, qui ne peut toutefois lui donner une durée supérieure à douze jours; au-delà, la mesure ne peut être prorogée que par la loi dans les termes suivants : *« La loi autorisant la prorogation au-delà de douze jours de l'état d'urgence fixe sa durée **définitive** »* (art. 3). À noter – c'est important – que l'article 3 n'a plus été modifiée, fût-ce à la suite des événements de fin 2015.

L'autre tient précisément au fait que, à l'occasion de la prorogation de l'état d'urgence votée le 20 novembre 1955, le régime de l'état d'urgence a été substantiellement durci. Ce sont ces dernières modifications qu'il est utile de mettre maintenant en lumière.

L'une d'elle va dans le sens d'une meilleure protection des libertés publiques contre une dérive éventuelle de l'état d'urgence : la nouveau texte fait apparaître une procédure d'information de l'Assemblée Nationale et du Sénat, ainsi que, pour ces assemblées, le droit de requérir toute autre information pour les besoins de l'exercice de leur droit de contrôle et d'évaluation des mesures prises par le gouvernement (art. 4-1).

Mais toutes les autres tendent, au contraire, à renforcer les pouvoirs dérogatoires de l'exécutif dans le cadre de l'état d'urgence. Considérons ici seulement les plus considérables. La possibilité d'astreindre à résidence *« toute personne… dont l'activité s'avère dangereuse pour la sécurité et l'ordre publics »* par décision du ministre de l'intérieur pourra désormais s'aggraver de l'obligation de demeurer plus précisément dans le lieu d'habitation à elle désignée et ce, pour une durée de douze heures par vingt-quatre heures (art. 6, 2ème alinéa). Mieux, cette mesure peut en outre s'accompagner de l'obligation de se présenter quotidiennement jusqu'à trois fois par jour à un service de police ou à une unité de gendarmerie, de remettre son passeport ou tout justificatif d'identité et de l'interdiction « *de se trouver en relation, directement ou indirectement, avec certaines personnes, nommément désignées, dont il existe des raisons sérieuses de penser que leur comportement constitue une menace pour la sécurité et l'ordre publics* ».

C'est là un régime, d'initiative purement exécutive, bien qu'il évoque fortement celui qui est souvent imposé à une personne mise en examen sous « contrôle judiciaire »… mais ici sans contrôle judiciaire, si ce n'est a postériori.

Il est permis de se demander si, à ce point, le souci de sécurité ne bouscule pas trop la liberté du citoyen. N'est pas aller au-delà de « *la stricte mesure où la situation l'exige* », pour reprendre l'expression de la C.E.D.H. ? Nous y reviendrons en deuxième partie.

J'attire l'attention sur le fait que l'arsenal de moyens ainsi mis à la disposition de l'exécutif fixe ainsi des limites à l'état d'urgence : celui-ci n'est pas un blanc-seing ou un pouvoir en blanc. Mais ce n'est là que l'une des trois limites essentielles de l'état d'urgence, car il y en a deux autres.

3°) Les limites de l'état d'urgence.

Autant, à ma connaissance, les pouvoirs publics n'ont mis en œuvre aucune mesure non prévue dans cet arsenal, autant, en revanche, les deux autres limites sont moins clairement comprises : la mesure est étroitement limitée dans le temps et elle ne peut être utilisée que dans des situations qui relèvent de la motivation même de la décision d'instaurer l'état d'urgence.

a) Les doutes que l'on peut nourrir sur le respect scrupuleux de la limite temporelle de l'état d'urgence viennent des propos actuellement tenus relativement à une probable « prorogation » de l'état d'urgence, de nouveau pour trois mois, dit-on.

Or, aux termes mêmes de la loi, **telle qu'elle est réécrite le 20 novembre 2015**, la prolongation de la mesure décidée par le gouvernement le 16 novembre l'a été pour une durée « **définitive** » de trois mois. L'article 3 de la loi, tel qu'il y a été introduit en 1960, en même temps que la faculté pour le gouvernement de décréter l'état d'urgence, dispose que « la loi autorisant la **prorogation** au-delà de douze jours de l'état d'urgence fixe sa **durée définitive** ». Et c'est normal, car la notion d'urgence inclut celle de brièveté. Or, le Parlement, en modifiant pourtant abondamment et sévèrement la loi du 3 avril 1955, **n'a pas touché à cette disposition**. Si les mots ont un sens, une « durée définitive » ne peut être **prolongée** au-delà de son terme.

Ce n'est pas à dire que, dès lors, nous sortirions nécessairement de l'état d'urgence le 26 février prochain sans aucun esprit de retour. En effet, il serait possible d'engager une nouvelle procédure d'état d'urgence si **les circonstances du moment** s'y prêtaient ; mais cela est tout différent : en effet, se présentant devant le Parlement pour en obtenir une nouvelle autorisation, le gouvernement devrait présenter une nouvelle motivation, c'est-à-dire faire état de circonstances ou de faits **postérieurs** à ceux qui ont motivé la loi du 20 novembre 2015, si cela lui était en fait possible. Je trouve une confirmation de cette nécessité dans la logique de cette disposition d'une décision du Conseil Constitutionnel concernant les assignations à résidence ordonnées durant l'état d'urgence, d'abord décidé par le gouvernement, puis **prorogé** par la loi : « si le législateur **prolonged** l'état d'urgence par une nouvelle loi, les mesures d'assignation à résidence prises antérieurement **ne peuvent être prolongées sans être renouvelées** [10].

Il est à craindre que le gouvernement se borne à demander une nouvelle **prorogation**, au mépris de la loi qu'il a lui-même demandé trois mois plus tôt. Et je n'ai pas connaissance que le lièvre que je lève là ait, jusqu'ici, fait l'objet de commentaires. Au moment où j'écris, la proposition de « prolongation » est sur le point d'être présentée en conseil des ministres et rien ne donne à penser que le gouvernement la conçoive comme une nouvelle procédure, avec une motivation actualisée.

Cette condition de brièveté est d'autant plus importante concrètement que, nécessairement, la tentation est grande pour les services de police d'user des moyens de l'urgence pour des faits étrangers au danger invoqué pour instaurer cette procédure dérogatoire [11].

b) Et il est d'ores et déjà certain que l'exécutif a ostensiblement ignoré qu'il ne pouvait user des pouvoirs qu'il venait d'obtenir ainsi pour des faits ou des circonstances sans rapport aucun avec le motif qu'il a lui-même avancé en novembre 2015 : la prévention d'actes de terrorisme, la lutte contre le terrorisme.

En effet, dès le lendemain du vote de la loi, l'Intérieur s'est lancé dans une considérable série de perquisitions et d'assignations à résidence, dont certaines n'avaient d'autre objet que de prévenir les troubles par lesquels le gouvernement redoutait que des écologistes activistes ne perturbassent les opérations de la COP 21; difficile, quelque opinion qu'on ait concernant l'écologisme de pointe, de parler ici de terrorisme. On peut faire la même observation à propos de perquisitions chez des Roms [12].

---

[10] Décision n° 2015-527 QPC du 22 décembre 2015.
[11] V. à ce sujet notamment les propos de Gaspard Kœnig in www.lesechos.fr/idees/editos-analyses le 12 janvier 2015.

Mesure d'exception, l'état d'urgence est, par cela même et en vertu du principe général du Droit le plus certain, d'interprétation restrictive. Il est évident qu'user des moyens de l'état d'urgence pour une situation sans rapport aucun avec le terrorisme, motif de l'instauration de cette mesure, c'est, bien au contraire, en faire une application extensive. Si cet argument très « basique » laissait au lecteur un doute, il serait dissipé incidemment par le point 13 de la décision du Conseil Constitutionnel du 22 décembre 2015 [13], que nous retrouverons plus loin, qui, envisageant la prolongation de l'état d'urgence au-delà des douze jours laissés au gouvernement, déclare que la prolongation *« ne saurait être excessive **au regard du péril imminent ou de la calamité publique ayant conduit à la déclaration** de l'état d'urgence »*.

Comment dire plus clairement qu'user des pouvoirs exorbitants donnés par l'état d'urgence pour gérer des circonstances ou faits sans rapport avec le motif qui a conduit à l'instauration de cette mesure n'est rien d'autre qu'un détournement de pouvoir ?

C'est bien, semble-t-il, dans cet esprit que, le 22 janvier 2016, le Conseil d'État a, pour la première fois, suspendu une mesure d'assignation à résidence. Cette haute juridiction motive sa décision en considération du fait que le ministère de l'intérieur n'a pas apporté suffisamment d'éléments montrant que le citoyen en cause serait un islamiste radical, représentant une « menace grave », et que, dans ces conditions, l'assigner à résidence était « illégal » [14]…

Ainsi, mesure dérogatoire aux principes fondamentaux de notre Constitution démocratique et, de

---

[12] V. les faits relatés dans l'article de Julia PASCUAL in http://delinquance.blog.lemonde.fr/ le 12 janvier 2015.
[13] Décision n° 2015-527 QPC (Question Prioritaire de Constitutionnalité).
[14] Relevé sur le site du Figaro le 23 janvier 2015.

ce seul fait, exceptionnelle et d'interprétation stricte, utilisée par de vrais démocrates, l'état d'urgence ne sera utilisé que brièvement et de manière restrictive ; il sera alors un « bouclier pour la démocratie ». Utilisé extensivement et discrétionnairement, fût-ce avec un contrôle a posteriori, il risque de devenir un cheval de Troie des adversaires de la démocratie.

Mais, dans les débats passionnés que soulève le projet présidentiel de révision constitutionnelle, l'extraordinaire hourvari suscité par l'éventuelle extension de la déchéance de nationalité – qui ne pose en réalité guère de graves problèmes dans son principe – rejette dans l'ombre et le silence les risques d'abus de l'état d'urgence

B – LA DÉCHÉANCE DE NATIONALITÉ

Si la déchéance de nationalité – aussitôt dénoncée par ses adversaires comme inefficace mais très bien vue par l'opinion – a été conçue, selon certains, pour détourner l'attention de l'état d'urgence, plus problématique, le procédé se retourne contre ses auteurs, car la mesure a suscité un maelström de contestations, de distinguos ou de contorsions sémantiques et divise la classe politique comme rarement.

Mais, curieusement, chez les adversaires du projet de révision constitutionnelle, fût-ce les plus remontés, aucune définitionn'est proposée de l'objet de la déchéance, de la nationalité, dont on n'est pas loin de faire un droit sacro-saint duquel même l'adversaire le plus résolu de la nation ne peut absolument pas être privé. Cela suffirait à affaiblir drastiquement les arguments qu'ils tentent d'opposer à cette mesure si, en eux-mêmes, ils n'étaient pas déjà inconsistants. Il n'est donc pas inutile de consacrer liminairement quelques lignes pour apporter un peu de clarté à la notion.

1°) Qu'est-ce que la nationalité ?

Ce n'est pas une notion abstraite, une sorte d'étiquette sans contenu. L'appartenance à une nation résulte d'une adhésion, très ordinairement d'autant plus forte qu'elle est innée, implicite, à tout ce qui caractérise la communauté que constitue la nation. Siéyès et, après lui, Ernest Renan, y voyaient « un plébiscite de tous les jours » [15].La nationalité n'est donc pas une notion abstraite, arbitraire, pas plus qu'une notion ou un principe ne peut être considéré comme juridique s'ils ne sont l'expression d'une réalité sensible, humaine.

Dans les démocraties modernes, à la différence de la démocratie grecque, citoyenneté et nationalité sont pratiquement synonymes. En effet, si le droit définit la nationalité comme l'état d'une personne qui est membre d'une nation déterminée – notion assez désincarnée –, le mot signifie d'abord l'existence ou la volonté d'existence en tant que nation d'un groupe d'hommes unis par une communauté de territoire, de langue, de traditions, d'aspirations [16] ; aux membres du groupe ainsi formé, la Constitution confère, sous le nom de citoyens, des droits et impose des obligations corrélatives ; ces citoyens à qui, seuls, appartient la « souveraineté nationale », certains tendent à l'oublier. Tout cela n'est qu'un ensemble de notions nées et vivifiées par la communauté d'idéaux et d'intérêts. Au même titre que sont, à un niveau plus modeste, unis les membres d'une association ou d'une société. Qui contesterait que peut et doit être exclu de l'association ou de la société le membre qui, non content même de ne pas partager les mêmes idéaux et objectifs, se dresse contre le groupe, le combat ouvertement, dans un sentiment qui est l'exact opposé de l'*affectio societatis* ?

Mieux, la loi elle-même le dit substantiellement qui, avec d'autres mots, manquassent-ils de lyrisme, en

[15] Cités par Ran HALEVI, tribune in Figaro Vox du 15 janvier 2016.
[16] Comp. Patrick LOZÈS, « Militant anti-discrimination, je soutiens la déchéance de nationalité », in http://www.huffingtonpost.fr/patrick-lozes/argument-decheance-nationalite_b_8938538.html

font la condition même de l'acquisition de la nationalité française, quand elle n'est pas acquise par la naissance. Ainsi, l'article 21-24 du Code civil dispose-t-il que : *« Nul ne peut être naturalisé s'il ne justifie de son **assimilation à la communauté française**, notamment par une connaissance suffisante, selon sa condition, de la langue, de l'histoire, de la culture et de la société françaises, dont le niveau et les modalités d'évaluation sont fixés par décret en Conseil d'Etat, et des droits et devoirs conférés par la nationalité française ainsi que par l'adhésion aux principes et aux valeurs essentiels de la République.*

« À l'issue du contrôle de son assimilation, l'intéressé signe la charte des droits et devoirs du citoyen français. Cette charte, approuvée par décret en Conseil d'Etat, rappelle les principes, valeurs et symboles essentiels de la République française ».

Le citoyen né Français n'aurait-il pas les mêmes obligations ?

2°) Un bref historique de la déchéance de nationalité

Les adversaires du projet donnent le sentiment de raisonner comme s'il s'agissait d'une innovation quasi blasphématoire. Or, il ne s'agit que d'étendre une disposition qui existe déjà dans notre Code civil. Ainsi, son article 25 énonce dans les termes suivants quatre cas – dont seul le premier nous intéresse ici – dans lesquels la déchéance de nationalité peut être décrétée : *« L'individu qui a acquis la qualité de Français peut, par décret pris après avis conforme du Conseil d'Etat, être déchu de la nationalité française, sauf si la déchéance a pour résultat de le rendre apatride : 1° S'il est condamné pour un acte qualifié de crime ou délit constituant une atteinte aux intérêts fondamentaux de la Nation ou pour un crime ou un délit constituant un acte de terrorisme ; »* On conviendra que, pour importante qu'elle soit, certes, l'extension de la mesure à des citoyens nés français n'est pas la révolution que serait la création même ex nihilo de la mesure de déchéance de la nationalité.

Bien mieux, l'idée même d'exclure de l'appartenance à la nation ceux-là même qui la combattent apparaît dès les premières heures de la Révolution. Robespierre déclarait ainsi : « Celui qui attaque la liberté d'une nation est autant son ennemi que celui qui voudrait la faire périr par le fer.». La mesure entrera dans notre législation lors de l'abolition de l'esclavage. Apparue substantiellement telle qu'elle est aujourd'hui au cours de la première guerre mondiale, la déchéance de la nationalité est fondée sur l'idée que l'État souverain doit pouvoir se défendre contre les atteintes que des étrangers accueillis dans la communauté nationale française pourraient lui porter.

Elle subira, certes, des modifications mineures par la suite et se fixera dans ses termes actuels en 1998, Jospin étant premier ministre de cohabitation.

Elle est néanmoins assez étroitement cantonnée. D'abord, parce que la France a signé – sans toujours les ratifier, certes – des traités qui lui font interdiction de créer des apatrides, ce qui interdit d'appliquer cette déchéance à ceux qui ne sont que Français ; en outre, parce que, parmi les binationaux, auxquels la mesure peut être appliquée, n'y sont exposés que ceux qui ont la nationalité française par acquisition. *Hic jacet lupus* : ou c'est bien là que gît le lièvre : le projet, en effet, tend à effacer cette dernière limitation : né Français ou pas, le binational qui se livrerait au terrorisme s'exposerait désormais à cette mesure. Les objections les plus diverses, jusqu'à la fantaisie parfois, se multiplient et divisent à gauche comme à droite.

3°) Que valent les objections à l'extension de la déchéance de nationalité ?

D'emblée, deux arguments parmi les plus fréquents peuvent être écartés comme hors sujet, voire paradoxaux. On a ainsi écrit que la déchéance de nationalité réaliserait une « déchéance des valeurs de la gauche » [17]. Argument où le sectarisme le dispute au paradoxe. Sectarisme parce que la loyauté démocratique veut que l'on juge d'un projet à l'aune seule de sa conformité à la démocratie et de sa pertinence. Paradoxe parce que l'histoire qui vient d'être esquissée de la déchéance de nationalité montre que, s'il faut classer celle-ci de manière partisane, c'est bien à gauche, précisément, qu'il faudrait le faire.

La mesure serait inefficace, car ce n'est pas elle qui dissuadera un terroriste de commettre l'attentat qu'il projette. C'est tout à fait exact, mais ce n'est pas la question et, loin d'affaiblir le projet sur ce point, l'objection relève du paradoxe. En effet, d'une part, bien plus que de chercher bien en vain à intimider le terroriste, il ne s'agit que d'officialiser la signification naturelle de son acte ; c'est que, d'autre part, là est le paradoxe de l'objection, en ce qu'elle recourt à une idée juste, mais qui illustre précisément le fondement de la mesure, étranger à l'efficacité. En effet, si la mesure est inefficace, c'est précisément parce que le terroriste n'a pas l'« *affectio societatis* » du citoyen, n'a pas l'âme française, se situe lui-même hors de la communauté nationale, puisqu'il la combat. Sa déchéance de nationalité est autre qu'une peine, elle ne fait que constater le fait.

On se demande comment les adversaires de cette mesure peuvent bien prétendre maintenir dans notre nationalité celui-là qui la vomit ? Curieuse conception, étrange mansuétude ; comment peut-on écrire que « la République ne doit pas être une vache sacrée » ? [18]

Passons donc aux quelques autres objections, moins futiles, opposées à l'extension de la déchéance de nationalité à tous les binationaux, sans plus distinguer

---

[17] V. Olivier ROY, in Observateur du 16 janvier 2015
[18] V. Rony BRAUMANN, in Observateur du 7 janvier 2016

entre ceux qui sont Français de naissance et ceux qui le sont devenus par l'un des modes d'acquisition prévus par le Code civil. Moins irréfléchis que les deux premiers, ils ne résistent pourtant guère à l'examen.

a) La mesure entraîne un **recul des libertés** (par rapprochement avec les mesures de l'état d'urgence), ce qui ne saurait être accepté que si cela était efficace [19].

J'ai déjà répondu à l'argument d'inefficacité. Je le complète ici en admettant que, si la déchéance peut être vue comme un recul des libertés, cela, dans le principe, trouve son fondement dans le fait que la Société nous doit la sécurité [20], ce qui peut conduire à limiter **temporairement** certaines libertés. Mais, d'ailleurs, en l'occurrence, quelle liberté la mesure prétendrait-elle limiter de fait ? Celle de commettre un attentat ? Inutile de poser cette question.

b) On ne pouvait imaginer que ne serait pas brandie, une fois de plus, la **sacro-sainte « égalité »** [21]. Inutile de m'attarder ici à répéter que, pour très importante qu'elle soit assurément, l'égalité n'est pas une valeur comparable à la liberté, sans doute, pas davantage à la sûreté, qui sont toutes deux des « droits naturels et imprescriptibles de l'Homme » ; ce que l'égalité n'est pas [22].

J'insiste surtout sur le fait qu'une telle objection révèle une conception de l'égalité totalement fausse et pour deux raisons.

---

[19] V. Rony BRAUMANN, précité, qui écrit notamment : « Il ne faut pas flatter la peur. V. aussi Laurence BLISSON, qui écrit « Bannir est un leurre", dans la même publication.

[20] Article 2 de la Déclaration des Droits de l'Homme et du Citoyen.

[21] Rony BRAUMANN précité. Voir aussi « NKM », in Le Figaro du 6 janvier 2015 : « Une peine ne doit pas être discriminatoire », ou Farhad KHOSROKHAVAR, Observateur du 7 janvier 2015 : « On infériorise 4 à 5% de la population »

[22] Je m'en suis expliqué en détail dans mon essai « Démocratique notre République ? »

D'abord, parce que l'égalité n'est pas un absolu, devant lequel tout devrait s'incliner, mais un idéal qui autorise à traiter différemment deux citoyens, même s'ils présentent un état semblable, si c'est dans des circonstances différentes. D'ailleurs, dans sa décision du 8 janvier 2016, le Conseil constitutionnel relève, comme il l'avait déjà fait en 1996 dans un autre dossier, *« que les personnes ayant acquis la nationalité française et celles auxquelles la nationalité française a été attribuée à leur naissance sont dans la même situation, mais que la différence de traitement instituée dans le but de la lutte contre le terrorisme ne viole pas le principe d'égalité »* [23]. Les Sages ont donc estimé qu'il n'est pas illégitime pour l'État, confronté à un auteur d'actes de terrorisme ou de haute trahison, de se montrer plus sévère à l'égard de celui à qui il avait accordé la nationalité française qu'à un autre, né Français.

Ensuite, parce qu'il est paradoxal d'invoquer une atteinte à l'égalité contre une mesure – l'extension de la déchéance aux binationaux nés Français – qui fait disparaître une autre inégalité : en effet, en reprenant la logomachie de ceux qui invoquent l'égalité à tort et à travers, on pourrait dire que, en son état actuel, l'article 25 du Code civil crée deux classes de Français parmi les binationaux : ceux qui, nés Français, ne peuvent être déchus et ceux qui, devenus Français par acquisition, peuvent l'être.

c) Derrière l'extension de la déchéance aux binationaux nés Français, celle qui était encore Garde des Sceaux a discerné, avec des « haut-le-cœur », une **remise en cause du droit du sol**. Comme les objections précédentes, celle-ci déplace le problème.

Entendant cette objection, on pourrait croire que c'est l'ensemble de notre droit de la nationalité qui est

---

[23] Comp. Décis. n° 2014-439 QPC du é » janvier 2015

menacé. Il faut remettre les choses à leur place : ni dans les textes, ni dans les faits, la naissance sur le sol français n'est la première et principale source de nationalité. L'article 18 du Code civil est le premier texte qui définit comment l'on est français et c'est par filiation, donc par le droit du sang : *« Est français l'enfant dont l'un des parents au moins est français »*, sans que le droit du sol y joue quelque rôle nécessaire que ce soit. Et il n'est pas besoin de faire appel à des statistiques pour affirmer que la très grande majorité des Français a cette qualité par droit du sang, **qu'ils soient ou non nés en France**.

Les articles 19 et suiv. du même Code introduisent ensuite, c'est exact, le droit du sol, le plus souvent d'ailleurs – c'est à remarquer – pour pallier les différents cas où, à défaut, l'enfant né en France serait apatride (essentiellement, l'article 19-1). Cela, c'est l'essentiel. Les articles 21 à 21-25-1 prévoient divers cas d'acquisition de la nationalité française qui, hormis les articles 21-7 à 21-11 (qui associent naissance et résidence en France), ne peuvent être rattachés au droit du sol.

Au demeurant et surtout, le projet d'extension de la déchéance dans son dernier avatar ne vise pas particulièrement les Français redevables au droit du sol, mais tous les Français [24]. Bien entendu, il arrivera que la déchéance privera telle personne d'une nationalité acquise par naissance sur le sol français. Pour autant, le droit du sol, n'est pas spécifiquement en cause, car ne deviennent pas binationaux seulement des étrangers Français, soit par le droit du sol, soit par acquisition. Un Français par le sang peut aussi devenir étranger sans cesser d'être Français : l'article 23 du Code civil le permet à certaines conditions ; ce Français binational relèvera donc, comme les autres, d'une éventuelle déchéance de la nationalité française.

---

[24] Pour être précis, les Français nés tels, complétant indirectement ainsi l'article 25 C. Civ. qui ne vise que les Français « par acquisition »

Il est donc bien clair que le droit du sol, pas plus que le droit du sang, n'est atteint dans son principe par l'extension de la déchéance de nationalité à tous les Français. Objection hors sujet, donc.

Il ne subsiste ainsi qu'une atteinte, purement apparente, à l'égalité : le Français... ordinaire – je veux dire : non binational – ne pourra être déchu à la différence de celui « qui détient une autre nationalité ». Mais est-ce bien exact ? À nouveau, l'égalité serait là indûment invoquée, pour cette raison, consacrée par le Conseil Constitutionnel, que, lorsque le critère de « discrimination » est en harmonie avec l'objet de la mesure critiquée, il est légitime d'appliquer des régimes différents [25]. Or, conformément aux engagements internationaux de la France, le Français « ordinaire » ne peut être déchu, parce qu'il deviendrait « apatride ». Le Français binational a l'avantage de ne pas devenir apatride, s'il est déchu de sa nationalité française. Il est donc parfaitement conforme à la Constitution de distinguer entre ces deux Français, s'agissant de leur éventuelle déchéance.

On observera, d'ailleurs, que, lorsqu'a été votée en 1998 ce qui est devenu l'article 25 du Code civil, cela n'a soulevé aucun des problèmes quasi-métaphysiques qui sont imaginés aujourd'hui pour condamner ce qu'on dénonce, non sans inconséquence, comme une atteinte aux valeurs de la gauche.

***

Tout cela, création de l'état d'urgence (1955), réintroduction de la déchéance de nationalité (1998, notamment) a – c'est à remarquer – été réalisé sans toucher à la Constitution. Était-ce alors une erreur ou bien,

---

[25] V. L.M.Martin, « Démocratique, notre République ? », p. 141.

aujourd'hui, ne serait-ce plus possible sans toucher à la loi fondamentale ?

II

SUR LA « CONSTITUTIONNALISATION »

Il est vrai que le texte du projet de révision constitutionnelle lui-même n'entre pas dans tous les détails que nous avons envisagés jusqu'ici ; il ne s'est agi, jusqu'ici, que de textes qui ont la nature législative, loi de 1955 ou Code civil. Mais leur examen était indispensable pour juger de la pertinence de la révision projetée puisqu'il ne s'agit par celle-ci que de les solenniser ; en quelque sorte, les deux articles du projet accompagnent ou annoncent les textes opérationnels jusqu'ici envisagés. Arrivés à ce point, il faut se demander à quoi tend cette constitutionnalisation de l'état d'urgence et de la déchéance de nationalité : pourquoi ?

Pourquoi ?

En 1955, on ne s'était pas posé la question de la conformité constitutionnelle de la loi qui a été votée le 3 avril ; en fait, nous le verrons, la question n'a été posée que trente ans plus tard, en 1985. Quant à l'état d'urgence, il a fait l'objet de plusieurs recours devant le Conseil Constitutionnel sans en souffrir jusqu'à ce jour.

S'il est certes permis, notamment à l'occasion d'une nouvelle mouture de l'état d'urgence (loi du 20 novembre 2015) de se demander si, vraiment, il ne serait pas **nécessaire** de promouvoir ces mesures au niveau constitutionnel (**A**), il faut encore se demander – la réponse à cette première question demeurant négative – si une telle promotion serait **utile**... dans le respect des principes fondamentaux de notre démocratie (**B**)

A – Rien n'impose la « constitutionnalisation »

1°) S'agissant, d'abord, de l'**état d'urgence**, soixante ans de vie de cette mesure hors de la Constitution suffisent à faire douter qu'il y ait quelque utilité à alourdir notre loi fondamentale de dispositions qui n'y ont pas leur place évidente, ne fût-ce que dans leur seul principe.

a) Il est vrai que, en 1985 – trente ans après le vote de la loi, dix-sept ans après la création du Conseil constitutionnel – la question a été posée à celui-ci de savoir si la Constitution de 1958 n'avait pas, au moins implicitement, abrogé la loi du 3 avril 1955. L'allégation reposait sur l'idée que, en l'état de l'article 34 de la Constitution qui définit le champ de compétence de la loi, d'une part, et de l'article 36, qui crée l'état de siège, d'autre part – mais rien de tel que l'état d'urgence –, la compétence de la loi était exclue pour la création d'un tel état. Tel n'est pas l'avis du Conseil constitutionnel qui considère que l'existence de l'article 36 n'exclut pas une loi « *pour concilier, ...les exigences de la liberté et la sauvegarde de l'ordre public* », en sorte que la t de 1958 « *n'a pas eu pour effet d'abroger la loi du 3 avril 1955 relative à l'état d'urgence* ».

Voilà qui est bien gênant pour ceux qui veulent absolument justifier le recours à une modification de la Constitution... C'est bien en vain qu'il a été soutenu que cette décision n'avait que constaté que la loi de 1955 n'était pas abrogée par la Constitution votée trois ans plus tard ; de fait, littéralement, la décision n'utilise que le verbe « abroger », on vient de le voir. Mais l'argument est beaucoup trop superficiel pour être totalement innocent. Tout simplement, puisqu'il n'y avait pas d'abrogation expresse, il n'aurait pu s'agir que d'une abrogation « par voie de conséquence » ; et par conséquence de quoi ? En effet, à lire la motivation même du recours devant le

Conseil, c'est parce que la loi de 1955 ne serait pas compatible avec les termes de la Constitution que celle-ci aurait, de fait, abrogé la loi. Et, de même, c'est au résultat d'un raisonnement montrant que cette loi n'est nullement en contradiction avec la Constitution que le Conseil conclut qu'il n'y a pas abrogation de la loi de 1955. Autrement dit, en estimant qu'il n'y avait pas abrogation, le Conseil a aussi bien dit que cette loi est conforme à notre Constitution.

b) D'ailleurs, je rappelle de nouveau que la sécurité des citoyens est une obligation de l'État au même titre que la préservation de leur liberté. Et il est inévitable, à des degrés très divers certes, que l'une ne puisse être obtenue sans limiter peu ou prou l'autre, de même que cette dernière impose d'accepter certains risques. Ainsi, ce n'est pas la limitation de telle ou telle liberté qui est, en soi, condamnable, mais l'opportunité et l'adéquation des mesures de limitation de la liberté aux menaces qui, à un moment donné, pèse sur nous qui peuvent faire l'objet d'une vérification de constitutionnalité par le Conseil Constitutionnel

Mon propos, dans cette étude, ne se voulant ni philosophique, politique ou idéologique, je dois me borner à constater que, par décision du 22 décembre 2015 [26], le Conseil a précisément été appelé à vérifier si l'astreinte à résider douze heures par jour dans l'habitation désignée à l'assigné à résidence n'excédait pas les nécessités de la lutte contre le danger qui a motivé le vote de la loi du 20 novembre 2015. Et le Conseil a estimé que, dans cette limite tout au moins, cette mesure ne peut être « regardée comme une mesure privative de liberté » (point 6 de la motivation); au-delà, elle porterait atteinte à l'art. 66 de la Constitution, selon lequel *« nul ne peut être arbitrairement détenu »*.

---

[26] Décision n° 2015-527 QPC (Question Prioritaire de Constitutionnalité).

Il est permis de remarquer qu'une telle appréciation est inévitablement quelque peu subjective : pourquoi douze, plutôt que dix ou quatorze heures ? Il ne semble pas, en outre, que le Conseil Constitutionnel ait été amené à apprécier la constitutionnalité de cette astreinte lorsqu'elle s'alourdit de l'obligation de « pointer » trois fois par jour au commissariat, ce qui n'est pas sans affecter sérieusement la liberté relative laissée à l'assigné à résidence pendant les douze heures quotidiennes où il n'est pas obligé de séjourner dans le lieu d'habitation qui lui a été imposé. Cette relativité est, pratiquement, inévitable mais notons, toutefois, que cette décision fera jurisprudence et qu'on ne devrait donc pas voir d'assignation à résidence imposant de séjourner effectivement plus de douze heures par jour dans un lieu d'habitation donné. Non seulement pendant le temps qui reste courir à l'actuel état d'urgence, mais encore dans toute éventuelle nouvelle période de danger collectif.

2°) La **déchéance de nationalité**, second point du projet de révision est – curieusement, me semble-t-il – beaucoup plus polémique. N'est-ce pas, selon toute apparence, cette perspective qui a poussé Christiane Taubira à la démission ?

C'est au point que, à vrai dire, la polémique porte beaucoup plus sur le principe même d'une telle mesure – on l'a vu – que sur son inscription dans la Constitution. Cette dernière question se pose néanmoins et il est permis de penser que, pour les opposants de principe, si cette mesure devait être adoptée, du moins la moindre des choses serait qu'elle fût revêtue de l'onction constitutionnelle.

Observez alors que, tandis que, s'agissant de l'état d'urgence, on a pu faire valoir un argument, que je dirais volontiers... esthétique [27], futile, mais non pas absurde,

---

[27] En effet, un argument que j'ai passé sous silence jusqu'ici faisait valoir que, à côté de deux autres régimes d'exception, pouvoirs

s'agissant en revanche de la déchéance de nationalité, sa constitutionnalisation dans les termes du projet revient à introduire dans l'article 34 de la Constitution, une disposition qui n'y a pas sa place... fût-ce pour l'esthétique.

Je rappelle que l'article 34, qui définit le champ de compétence réservé à la Loi, dispose notamment que « La loi fixe les règles concernant : ...(2ème tiret) « *la nationalité, l'état et la capacité des personnes, les régimes matrimoniaux, les successions et libéralités ; »*. Et l'on a vu que le projet de révision, dans son article 2, rejette dans un nouveau tiret tout ce qui n'est pas nationalité et complète alors le 2ème tiret ainsi expurgé par les précisions ici incongrues : « *y compris les conditions dans lesquelles une personne née française qui détient une autre nationalité peut être déchue de la nationalité française lorsqu'elle est condamnée pour un crime constituant une atteinte grave à la vie de la Nation ; »*.

En quoi cette disposition se distingue-t-elle de l'article 25 du Code civil, si ce n'est en ce que, à la différence de celui-ci, il étend la déchéance à tous les binationaux et ne se limite plus aux seuls binationaux Français par acquisition ? Cela justifie-t-il de toucher à la Constitution ?

La constitutionnalité de l'article 25 n'est pas niée et ne peut pas l'être. Fixer les règles concernant la nationalité, sans plus de précision que pour l'état ou la capacité des personnes, les régimes matrimoniaux, etc..., n'énonce donc ni ne suggère la moindre directive constitutionnelle au législateur. Celui-ci est donc constitutionnellement compétent – et seul compétent – pour fixer « les règles concernant » la nationalité. Ainsi, ni directement, ni indirectement, ni expressément, ni implicitement, le législateur souffre-t-il la moindre

---

exceptionnels de l'article 16 et état de siège de l'article 36, il était de meilleure méthode de placer cet autre régime d'exception.

contrainte ou limitation pour définir les conditions d'« attribution » de la nationalité, pas plus que de l'accession à la majorité, p. ex. Comment, dans le silence surtout de la Constitution sur ce point, prétendrait-on que la constitutionnalisation de la possibilité de perte de la nationalité en général et de la déchéance de celle-ci en particulier est une nécessité ? Car il ne s'agit que de cela dans le projet : celui-ci ne définit pas les conditions de cette déchéance, il se borne à énoncer que la Loi peut définir des conditions dans lesquelles on peut être déchu de sa nationalité.

Serait-ce alors parce que, à la différence de l'article 25 du Code civil, il s'agit d'atteindre aussi éventuellement les binationaux nés Français ? Mais on ne saurait discerner dans la concision de l'article 34 actuel rien qui justifie que la Constitution s'intéresse particulièrement à ceux-ci. Observez, d'ailleurs, que, dans l'incroyable charivari polémique soulevé par ce projet et qui divise toutes les familles politiques ou presque, une suggestion consiste à faire disparaître du nouveau deuxième tiret de l'article 34 toute mention des binationaux.

Non sans tomber de mal en pis, car c'est livrer au législateur la réponse à cette question épineuse : va-t-on s'abstraire des traités signés qui nous interdisent de créer des apatrides ? Ajoutons encore que, pour tenter d'esquiver cet obstacle sans compromettre cette égalité fallacieuse, comme je l'ai montré, on suggère d'introduire une autre déchéance, de citoyenneté, celle-là, pour les terroristes français « ordinaires ».

Il ne resterait plus alors du projet sur ce point, qu'une satisfaction de façade, sans rien changer, strictement, à l'état de droit actuel : il est question dans la Constitution de la déchéance de nationalité pour faits de terrorisme, sans en rien préciser… Quel intérêt ?

Il est donc bien clair qu'il n'y a pas plus de nécessité d'adouber par le glaive constitutionnel la déchéance de nationalité que l'état d'urgence. Mais, alors, faudrait-il que, facultative, cette constitutionnalisation eût quelque vertu telle qu'elle apparaisse utile ?

B – Cette « constitutionnalisation » n'ajouterait rien.

Arrivé à ce point de mes réflexions, je serai plus bref. En effet, s'il me faut logiquement poser la question de l'utilité éventuelle d'une « constitutionnalisation » non nécessaire, je dois m'avouer incapable d'y trouver une réponse, du moins si je veux rester hors de toute option philosophique, idéologique ou politique.

Faute d'offrir ma réponse à la question d'une éventuelle utilité du projet, je cite celle de mon confrère Erwann le Morhedec [28]. Je lui trouve quelque saveur.

L'auteur rappelle d'abord avec raison que les dispositions actuelles du Code civil (art. 23-8 et 25), permettent de répondre à la situation actuelle, à ceci près, il est vrai, qu'ils ne sont pas applicables aux binationaux nés Français ; comme moi, il remarque que, précisément, dans le dernier état du projet, il n'est plus fait mention des binationaux, renvoyant la « patate chaude », pourrait-on dire, au législateur. Seulement, il est vrai que, au résultat actuel du foisonnement de propositions et de contrepropositions qui nous occupent depuis deux mois, et pour concilier l'inconciliable, le gouvernement recule sur deux points.

Tout d'abord, en faisant de la déchéance de nationalité une peine complémentaire, il réintroduit le juge judiciaire, jusque-là absent de l'article 25 du Code civil. On peut se réjouir des garanties procédurales que cela représente mais, dans l'optique du projet présenté en

---

[28] V. « E. Le Morhedec, Pourquoi la révision constitutionnelle va restreindre les possibilités de déchéance de nationalité », FigaroVox, 3 février 2016.

Congrès le 16 décembre 2015, cela est contre-productif : l'action de l'exécutif s'en trouve entravée et éventuellement retardée, ce que ne permettait pas l'état actuel du droit.

D'autre part, l'avant-projet de loi préparé dans la ligne de l'éventuelle nouvelle rédaction du régime de déchéance de la nationalité réintroduit à côté des crimes les délits de terrorisme – visés par l'actuel article 25 du Code civil mais qu'omettait curieusement le projet initial. Fort bien. Mais il précise que ne seront visés que les délits punis d'au moins dix ans de prison, limite que ne contient pas l'article 25 actuel. La mesure se trouve ainsi limitée.

Ces deux constats, exacts, justifient pleinement la conclusion de l'auteur qui déclare, en substance : ce projet de « constitutionnalisation », voulu d'abord pour élargir et faciliter les déchéances de nationalité parvient, en son état actuel, à un résultat exactement inverse. Autrement dit, loin d'enrichir l'arsenal de sanctions du terrorisme, il en vient à l'affaiblir. Joli résultat d'une entreprise mal engagée, mal gérée et au résultat d'ailleurs incertain.

D'autres commentaires, en revanche, aperçoivent, si même ils ne redoutent pas que ce projet de révision constitutionnelle n'apporte quelque innovation. Ainsi, le Défenseur des Droits [29] exprime son inquiétude dans les termes suivants : *« Si la modification de la Constitution permet d'introduire ensuite un certain nombre de mesures plus restrictives de liberté, alors à ce moment là, moi le Défenseur des droits, je dis que cette révision de la Constitution serait grosse de dangers »* [30].

---

[29] Il faut ici se rappeler que Défenseur des Droits a une existence constitutionnelle. Un article 71-1 lui est consacré. Sa mission est de *« veiller au respect des droits et libertés par les administrations de l'État, les collectivités territoriales, les établissements publics, ainsi que par tout organisme investi d'une mission de service public, ou à l'égard duquel la loi organique lui attribue des compétences ».*
[30] Cité par les Échos 22 décembre 2015.

Un collectif de onze juristes est plus précis dans l'expression de ses craintes ; il écrit ainsi dans le Monde du 23 décembre 2015 à propos de l'état d'urgence : « *Le projet d'inscrire l'état d'urgence dans la Constitution ne vise pas à mieux encadrer les pouvoirs exorbitants accordés à l'exécutif (...), mais à renforcer ces pouvoirs, en leur donnant une base constitutionnelle qui les mette à l'abri d'une éventuelle censure du Conseil constitutionnel* ».

Je doute que telle soit l'arrière-pensée qui sous-tendrait cette initiative. En effet, qu'il s'agisse de la déchéance de nationalité ou de l'état d'urgence, le texte du projet, jusqu'à ce jour du moins, ne me semble rien contenir, même subreptice, qui soustraie telle ou telle entorse aux droits fondamentaux au contrôle de constitutionnalité. Ce n'est pas parce la Constitution elle-même – comme elle le fait pour tant de sujets en son article 34 – énonce ces divers chefs de compétence qu'elle donne au pouvoir législatif un blanc-seing tel qu'elle interdise la vérification la conformité aux droits fondamentaux de l'usage qui en est concrètement fait par le législateur.

Mais c'est déjà trop que l'inutilité de cette révision soit telle qu'elle puisse susciter la méfiance et conduire à soupçonner de sombres intentions chez le gouvernement actuel.

La critique la plus réaliste me semble-t-il donc dénonce l'excès d'initiatives constitutionnelles à l'image du prurit législatif que j'ai dénoncé et qu'Erwann Le Morhedec présente de manière imagée : « *Nous nous étions résignés au bavardage législatif, nous inaugurons le caquetage constitutionnel* ».

On peut ainsi conclure avec Didier Maus [31]

---

[31] In FigaroVox du 2 février 2016.

« Une révision sans justification juridique ; une révision qui transforme la Constitution en un discours politique. Que le Premier ministre prononce une déclaration de politique générale et la soumette à un vote, cela suffira ».

Ceci me ramène à mon affirmation liminaire : « Une révision constitutionnelle superflue ».

EXTRAITS de « Démocratique, notre République ? »

Notre « objet social » (P. 33 & S)

Pourquoi les hommes, autant qu'on le sache vraiment, se sont-ils toujours constitués en groupes, ne s'agît-il que de ce qu'on appelle aujourd'hui la « famille nucléaire » - père, mère, enfants -, de la tribu ou de ce qui s'appellera un peuple, voire une nation ? Sans prétendre m'aventurer dans une sorte d'archéosociologie [32], il semble évident que les hommes ont notamment, si ce n'est même principalement, cherché dans le groupe la sécurité sous toutes ses formes, la protection réciproque, la force par l'union, la solidarité aussi devant les dangers et les difficultés naturels.

Nous ne vivons plus dans les cavernes, mais les avantages attendus du groupement, pour plus nombreux et diversifiés qu'ils soient aujourd'hui, restent la raison d'être même du groupement, Monsieur Jacques II de Chabannes de La Palice n'aurait su mieux dire. Dès son article 2, la Déclaration des Droits de l'Homme et du Citoyen [33], d'ailleurs, définit le *« but de toute association politique »* : *« la conservation des droits naturels et imprescriptibles de l'Homme »* ; nous verrons plus loin ce que sont ces droits fondamentaux. Dans une société convenue entre plusieurs « sujets de droit », ils constitueraient ce que l'on appelle l'« objet social ». Ils constituent donc l'**« objet social »** de l'*« association*

---

[32] À moins qu'il ne s'agisse d'une socioarchéologie, qui vise une vue rétrospective en réalité si lointaine que prétendre là à une sociologie digne de ce nom serait sans doute illusoire.
[33] Je ne la citerai désormais plus que par son sigle, soit D.D.H.C.

politique » des Français, de la Société [34] française régie par une Constitution, ou les statuts [35] sociaux de notre Société nationale.

Avons-nous là tout le cœur de la réponse à la question : « Pour (faire) quoi, la démocratie » ?

Non, sans doute. Peut-être oublierait-on un autre aspect, fort important, car notre « Société » est constitutionnellement habitée d'un « idéal » (dans une société quelconque, on parlerait peut-être de culture d'entreprise, d'ordinaire inexprimée dans les statuts sociaux) centré cette fois plus sur le « Citoyen » que sur l'« Homme » et qui, avec sans doute les « *droits naturels et imprescriptibles de l'Homme »,* complètent la réponse.

Cet « idéal » s'exprime dans une « devise » énoncée par le quatrième alinéa de l'article 2 de la Constitution actuelle : « *Liberté, Égalité, Fraternité »* qui, sans créer directement des droits, du moins inspire, soutient, mais limite et encadre aussi l'action des organes que la Société s'est donnée pour réaliser son « objet social ».

Or, qu'il s'agisse de l'« objet social » de la République française (Chapitre I) ou de son « idéal » (Chapitre II), force est de constater que la pratique de notre démocratie prend quelques libertés avec l'orthodoxie constitutionnelle.

Sur les limites de la liberté (p. 90 & s.)

---

[34] Je ne la viserai désormais qu'avec une majuscule, pour prévenir toute confusion avec une quelconque société civile ou commerciale.

[35] D'ailleurs, « constitution » et « statut » ont une étroite parenté étymologique. « Constitution » vient du verbe latin « constituere », lui-même formé de l'union de « cum » (avec) et « statuere » (statuer, mettre debout), d'où dérive précisément « statut ».

Montesquieu disait de la liberté qu'« *il n'y a point de mot qui ait reçu plus de différentes significations (...) que celui de liberté* » [36]. Valéry abondait dans ce sens, avec beaucoup plus de vivacité : « *Liberté : c'est un de ces détestables mots qui ont plus de valeur que de sens; qui chantent plus qu'ils ne parlent; qui demandent plus qu'ils ne répondent; de ces mots qui ont fait tous les métiers, et desquels la mémoire est barbouillée de théologie, de Métaphysique, de Morale et de Politique; mots très bons pour la controverse, la dialectique, l'éloquence; aussi propres aux analyses illusoires et aux subtilités infinies qu'aux fins de phrases qui déchaînent le tonnerre* » [37].

G.-T. Raynal, quant à lui, en donnait une définition originale : « *La liberté est la propriété de soi* » [38], qui fait de la liberté un aspect, l'aspect personnel, de la propriété [39] ; l'un et l'autre mots, on l'a dit, sont au nombre des quatre « *droits naturels et imprescriptibles de l'Homme* ». Mais la formule, exagérément concise, est bien loin de faire la synthèse des formes essentielles que prend la liberté.

---

[36] Il continuait : « *Les uns l'ont pris pour la facilité de déposer celui à qui ils avaient donné un pouvoir tyrannique; les autres, pour la faculté d'élire celui à qui ils devaient obéir; d'autres, pour le droit d'être armés et de pouvoir exercer la violence; ceux-ci, pour le privilège de n'être gouvernés que par un homme de leur nation, ou par leurs propres lois (...) Ceux qui avaient goûté du gouvernement républicain l'ont mise dans ce gouvernement ; ceux qui avaient joui du gouvernement monarchique l'ont placée dans la monarchie* ».
Montesquieu, l'Esprit des lois, XI, ii.

[37] Valéry (1871-1945), Regards sur le monde actuel, Fluctuations sur la liberté, p. 49.

[38] G.-T. Raynal 1713-1796. Histoire philosophique et politique des établissements & du commerce des européens dans les deux Indes, XI, xxiv. Il ajoutait : « *on distingue trois sortes de libertés : la liberté naturelle, la liberté civile, la liberté politique; c'est-à-dire la liberté de l'homme, celle du citoyen et celle d'un peuple* ».

[39] G.-T. Raynal rejoignait en cela la définition médiévale du mot « libre » : « qui dépend de soi », « qui n'est soumis à aucun maître ».

Avant d'en faire un inventaire sommaire, il est essentiel de prendre conscience du fait que, pas plus qu'aucun autre droit – si ce n'est toutefois le droit à la vie –, la liberté, dans aucune de ses formes, n'est un droit absolu, sans limites. L'article 4 de la D.D.H.C. ne le préciserait-il pas [40], que le plus élémentaire bon sens imposerait de constater les limites que la liberté trouve en elle-même : la liberté de l'un rencontrant inévitablement la liberté de l'autre, la définition d'une frontière est indispensable si l'on ne veut s'en remettre au seul rapport de forces, qui est exactement le contraire de la liberté, hormis pour le plus fort. *« Les abus de la liberté tueront toujours la liberté »* [41].

La nécessité de ces limites, consubstantielle à la liberté, est facilement perdue de vue et, de nos jours, sans autre réflexion, on crie trop volontiers au « liberticide » devant toute loi qui introduit une réglementation, avec les restrictions que cela emporte. Mais, refuser toutes limites c'est confondre liberté et « licence » ; ce dernier mot désigne ici le *« désordre, l'anarchie qu'entraîne l'absence de contraintes, de règles »* [42]. Qui d'autre que la Loi définirait ces limites ? *« Ces bornes ne peuvent être déterminées que par la Loi »*, précise l'article 4 de la D.D.H.C.

Il est seulement vrai que le législateur lui-même a pu user de cette fonction essentielle d'une manière telle que c'est l'esprit même de liberté qui a eu à en souffrir et que des hommes y ont même perdu la tête ; c'est ainsi que, parmi quelques milliers de suppliciés pendant la Révolution, Manon Roland, avant de subir la décollation mécanique par la « Veuve » le 8 novembre 1793, aurait clamé : *« Ô Liberté, que de crimes on commet en ton nom ! »* [43]. Il est

---

[40] « ...l'exercice des droits naturels de chaque **homme n'a de bornes que celles** qui assurent aux autres Membres de la Société la jouissance de ces mêmes droits ».

[41] André Maurois, Mémoires.

[42] Grand Robert numérique, V° Licence, II, 2.

[43] À en croire Henri-Clément Sanson, le septième bourreau du

aisé de comprendre que la dégénérescence de la liberté en licence conduit au désordre, puis, « en réaction », à l'aspiration à l'ordre, laquelle conduit facilement à tout autre chose que la démocratie. C'est ainsi que, pour avoir tenté de secouer le joug supposé d'une liberté sainement conçue, les hommes tombent souvent dans *« une licence effrénée qui lui est opposée, leurs révolutions les livrent presque toujours à des séducteurs qui ne font qu'aggraver leurs chaînes »* [44].

Quand on a mis ainsi l'accent sur le lien entre liberté et loi, on n'a pas tout dit de la première, omît-on même un moment les formes diverses que revêt la liberté, telle que nous la concevons aujourd'hui.

En effet, si le lien était fait à une époque ancienne, celle où est née la démocratie, c'était dans une acception que nous ne pourrions plus accepter. Grecs et Romains, certes, imaginaient un État où nul ne fût sujet que de la loi [45] ; mais cela n'était vrai que pour les « citoyens » d'alors, c'est-à-dire une petite minorité, que l'on dirait aujourd'hui de petite ou de haute bourgeoisie, les autres hommes étant le plus souvent esclaves [46] ; une république censitaire, en somme. Sous cette très considérable réserve qu'il s'exprimait dans un contexte où pareille distinction n'existe plus, Paul Valéry ne s'exprimait guère autrement, tout est dans la loi : *« Je suppose (que la liberté politique) signifie que je ne dois obéissance qu'à la loi, cette loi étant censée émaner de tous et faite dans l'intérêt de tous »* [47].

---

nom, ce n'est pas cet alexandrin raté qu'aurait prononcé la malheureuse, mais : « Ô Liberté, comme on t'a jouée ! », H.C. Sanson, Sept générations d'exécuteurs, 1688-1847 : mémoires des Sanson, éd. Dupray de la Mahérie, Paris, 1862-1863, T.4, mis en ordre, rédigés (censément) et publiés par H-C Sanson, p. 309.

[44] J.-J. Rousseau, De l'inégalité parmi les hommes, À la République de Genève.

[45] V. J.B. Bossuet, Discours sur l'histoire universelle, III, vi.

[46] Valéry, Regards sur le monde actuel, p. 63-64-65.

[47] Valéry, eod. loc.

Et l'on n'aura tout dit sur ce point – s'agissant des rapports de la loi et de la liberté – qu'en insistant sur cette règle absolument fondamentale que l'on pourrait exprimer de la manière suivante : **en fait de liberté, la loi a pour fonction, non de permettre, mais d'interdire**, formule apparemment provocatrice dont le seul objet est d'exprimer que la liberté n'a pas besoin de permission et ne connaît que d'éventuelles interdictions ; tout à l'opposé de la pensée de l'auteur du célèbre « Esprit des lois », pour qui *« La liberté est le droit de faire tout ce que les lois permettent »* [48]. Montesquieu avait l'excuse de vivre dans une société monarchique, où la « loi » était au-dessus de tous, excepté le Roi [49]. Aujourd'hui, en démocratie, c'est tout l'inverse : je n'ai pas, en principe, à rechercher si ce que je veux faire est permis, mais bien plutôt à m'assurer d'abord que la loi ne l'interdit pas : article 5 de la D.D.H.C. [50].

En toute rigueur, une permission ne devrait donc jamais être requise qu'en qualité d'exception ou de dérogation [51] à une interdiction préalable, car la loi peut elle-même et doit même limiter la liberté par des interdictions ou en soumettre l'exercice à certaines conditions, soit qu'il s'agisse de définir les limites des libertés individuelles les unes par rapport aux autres, comme déjà indiqué, soit qu'il s'agisse d'empêcher toutes actions nuisibles à la société [52]. Cela ne va d'ailleurs pas sans susciter un sérieux problème : la définition *in abstracto* et aprioristique des « actions nuisibles » n'étant pas possible, la tentation pour le pouvoir d'en abuser pour mieux trahir l'esprit de la

---

[48] Montesquieu, l'Esprit des Lois, XI, iii.

[49] Avec d'importantes réserves toutefois.

[50] Art 5, 2ème phr. : « Tout ce qui n'est pas défendu par la Loi ne peut être empêché, et nul ne peut être contraint à faire ce qu'elle n'ordonne pas ».

[51] Donc d'interprétation étroite, c'est-à-dire non extensive, car telle est la règle en droit français.

[52] *« La Loi n'a le droit de défendre que les actions nuisibles à la Société »*.

démocratie est évidente. C'est notamment à l'aune de pareils abus que l'on peut juger de la qualité, voire de la réalité d'une démocratie ; idée sur laquelle je reviendrai.

Alors, quelles figures concrètes la liberté peut-elle prendre ? Si l'on se rappelle que, pour lui, la liberté procède de la loi, mais ne la précède pas, on voit que, lorsque Montesquieu dit d'elle : *« La liberté, ce bien qui fait jouir des autres biens »* [53], il répond à une question qui n'a rien à voir avec celle qui se pose aujourd'hui : pour lui, ne pourrait-on pas définir la liberté ou, plutôt, les libertés, comme la liste des choses permises par loi ? Il est autrement difficile de répondre à la question telle qu'elle se pose aujourd'hui, en amont de la loi, qui peut et souvent doit réglementer les libertés, **théoriquement** illimitées, pour leur sauvegarde même.

Il ne faut pas s'attendre à trouver dans la Constitution un inventaire des libertés ouvertes aux citoyens ; ce serait presque contraire au principe même de la liberté. Pourtant, le mot y figure à de nombreuses reprises [54], mais c'est pour affirmer, sans exhaustivité, les libertés auxquelles la Constitution attache le plus de prix. Droit « naturel et imprescriptible » de l'homme, selon l'article 2 de la D.D.H.C., la liberté s'affirme principalement dans quatre sphères : liberté d'aller et venir ou de mouvement, liberté de s'exprimer, liberté de la presse et libertés civiques, que je centre ici sur la laïcité. L'une d'elle est-elle plus importante que les autres ? Je ne le crois pas ; un classement serait d'ailleurs nécessairement subjectif ; du point de vue de l'individu, on sera sans doute plus attentif

---

[53] Montesquieu, Cahiers, p. 117.

[54] En fait, j'entends par là non seulement le mot lui-même, mais également les mots « libre » et « librement ». On le rencontre ainsi à trente-six reprises, dont vingt-cinq pour le mot lui-même. Il est significatif que, des trois composantes de la devise républicaine, il soit largement le plus fréquent : l'égalité n'apparaît que dix-neuf fois et la fraternité... trois fois. L'ordre adopté pour notre devise respecte de fait cette triviale hiérarchie.

aux deux premiers ; du point de vue collectif, les deux autres, d'ailleurs filles de la liberté d'expression seront mieux adaptés.

Sur l'égalité (p. 126 & s.)

Dans la Constitution comme dans l'imaginaire français, la notion d'égalité, deuxième volet du triptyque « républicain » n'est pas si évidente qu'il y paraît ; son contenu est protéiforme, aussi insaisissable que l'usage du mot est répandu et, peut-être même, d'autant plus qu'il est répandu [55]. Insoutenable, penseront ceux qui se souviennent que Maximilien Robespierre proclamait que « *comme l'essence de la démocratie est l'égalité, il s'ensuit que l'amour de la patrie embrasse également l'amour de l'égalité* » [56]. Comment ne pas en conclure, puisqu'elle est de l'essence de la démocratie, voire la démocratie même, que l'égalité est le maître mot, le droit par excellence de la République Française ?

C'est bien loin d'être aussi simple et aussi évident ; c'est même faux. Et non pas seulement parce que Robespierre n'est pas le seul grand nom de la Révolution mais aussi parce qu'il s'est dit tellement de choses, particulièrement de juin 1789 à 1795 au moins, le tout et son contraire, que cette seule citation n'apporte pas grand-chose dans la définition et la place de l'égalité dans la Constitution française.

---

[55] L'usage et l'abus d'un mot en affadit souvent le sens, jusqu'à en estomper, à en dissoudre les limites et à en faire un de ces mots équivoques (V. Robert numérique : « qui peut s'interpréter en différents sens, qui par conséquent n'est pas clair ») et générateurs de malentendus (il faudrait pouvoir parler ici plutôt de... « malcompris »).

[56] Cité par Robert Margerit, « La Révolution », Éd. Phébus, T. III, Un vent d'acier, p. 285. Moyennant quoi il confondait « patrie » et « démocratie », qui ne vont pas nécessairement de pair.

Pour définir l'égalité, il faut d'abord en connaître l'origine. À cette question, Rousseau, sans doute, pour qui l'homme est naturellement bon, nous répondrait-il qu'elle est dans la nature humaine. Ce serait une erreur : ce n'est qu'au regard de la loi, « *soit qu'elle protège, soit qu'elle punisse* » [57], que les hommes son égaux. Ce n'est pas un état « de nature » ; ce n'est pas la société qui la fait perdre aux hommes, sauf à la leur rendre ensuite par la loi, n'en déplaise à Montesquieu [58] : que je sache, en effet, tout homme est, dès son premier jour, partie d'un groupe, si petit soit-il, partie d'une « société » ; il est donc gratuit de déclarer qu'il naît dans l'égalité, ce qui supposerait qu'il eût échappé, fût-ce un instant de raison, à l'aliénation qui s'attacherait à l'appartenance à une société.

Quand Voltaire écrit que « *l'égalité est donc à la fois la chose la plus naturelle, et en même temps la plus chimérique* » [59], l'adjectif « naturelle » ne doit sans doute pas être compris au sens où l'entendait Montesquieu [60] : ce dernier sens se marierait difficilement avec le caractère « chimérique » que le même Voltaire reconnaissait à l'égalité, ce dernier qualificatif devant s'entendre dans son sens premier de « produit de l'imagination » ; en ce sens, l'égalité est une idée née dans l'esprit de l'homme, dans une perspective variable selon les individus et qui est souvent faite d'envie, « *pour les âmes étroites*», si l'on en croit Chateaubriand [61]. L'état de nature, au contraire, est

---

[57] Article 6 de la Déclaration des Droits de l'Homme et du Citoyen (D.D.H.C.) de 1789.

[58] « *Dans l'état de nature, les hommes naissent bien dans l'égalité; mais ils n'y sauraient rester. La société la leur fait perdre, et ils ne redeviennent égaux que par les lois* ». Montesquieu, l'Esprit des lois, viii, 3.

[59] Voltaire, Dict. philosophique, V° Égalité.

[60] Il s'agirait plutôt de ce « qui donne une impression de vérité, d'aisance, de simplicité », V. Robert numérique.

[61] « *L'égalité, notre passion naturelle, est magnifique dans les grands cœurs, mais, pour les âmes étroites, c'est tout simplement de l'envie* ». Chateaubriand, Mémoires d'outre-tombe, t. V, p. 444.

caractérisé par une certaine hiérarchie spontanée – procédât-elle souvent de la force – entre les individus d'un même groupe. C'est ce que, plus explicite que Voltaire, pensait Vauvenargues [62]. C'est ce qu'on peut d'ailleurs constater dans toute société animale, fût-elle réduite à la famille « nucléaire » ; la nature animale de l'homme le soumet à la même loi naturelle.

« *L'égalité, ainsi, ne résulte* jamais *du jeu des actions individuelles livrées à elles-mêmes* » [63]. La vie en société qui, « naturellement » [64], ignore l'égalité, en revanche, peut à un certain stade d'évolution recevoir cette idée, l'accepter, la consacrer, la défendre, ce que, à ma connaissance, ne fait aucune autre société animale. On peut donc dire que l'aspiration à l'égalité est consubstantielle à l'humanité, quelque temps que mette la société à l'accueillir et il est permis de penser que le degré d'adhésion d'une société humaine à cette aspiration permet donc de mesurer le niveau d'évolution d'une société.

Il importe ici, de remarquer que la réception de l'égalité au nombre des « valeurs » [65] d'une société ne va pas sans limiter une autre aspiration naturelle de l'homme : la liberté ; j'y reviendrai. Néanmoins, comme la recherche d'égalité va au rebours des tendances naturelles, lesquelles sont toujours présentes dans l'inconscient des hommes, elle implique que la société, par ses structures, par ses organes, dépassant philosophie et idéologie, l'intègre dans son appareil juridique, jusqu'à la soutenir ainsi par la

---

[62] « *Il est faux que l'égalité soit une loi de la nature. La nature n'a rien fait d'égal; la loi souveraine est la subordination et la dépendance* ». Vauvenargues, Maximes, 227.

[63] René Gonnard (1874-1966), Histoire des doctrines économiques, p. 445.

[64] Ici, au sens de « conformément à la nature » et non pas de « bien entendu ».

[65] Bien entendu, le mot s'entend de ce qui est vrai, beau, bien, selon le jugement couramment admis par une société à une époque donnée. Comp. Robert numérique.

contrainte inhérente à la règle de droit [66] : « *... l'égalité ne peut être que le fruit de la contrainte sociale, car d'elle, en tout cas, on peut dire qu'elle ne résulte* jamais *du jeu des actions individuelles livrées à elles-mêmes* » [67], au point que, poussée au-delà du raisonnable, elle peut même conduire à une forme de dictature [68], telle qu'eût été la république que concevait Robespierre.

Ainsi, il est clair que l'égalité est une invention de l'homme. Pour la définir, on ne saurait donc se référer à je ne sais quelle donnée de la nature ; c'est l'esprit humain qui détermine le contenu de l'égalité, les contours de la notion étiquetée par ce mot. Combien invoquent l'égalité en toute occasion, qui seraient bien en peine de répondre à cette question…

La notion d'égalité est en effet des plus floue. Son premier sens : « rapport existant entre des grandeurs égales », arithmétique ou mathématique, n'a rien à faire ici, parce que, en ce premier sens, une telle égalité suppose en tous points une identité de nature des choses jugées égales : si deux est égal à deux, en revanche, deux pommes ne peuvent être égales à deux poires, pas plus que deux crayons à deux gommes. Si proches que soient les hommes [69], ils ne sont pas rigoureusement identiques, que ce soit dans leurs aptitudes ou attributs physiques ou s'agissant de leurs dons mentaux et intellectuels. Ce n'est pas pour rien qu'on reconnaît au mot un sens adapté à

---

[66] Tout candidat juriste apprend, dès le début de ses études, que la contrainte objective est l'élément principal qui distingue la règle de droit de la règle morale, qui ne connaît guère, en fait de contrainte, que la pression sociale, la pression de l'opinion.

[67] René Gonnard, précité.

[68] *« Si donc c'est l'égalitarisme qui fait le fond de la manière de penser socialiste, le socialisme libéral paraît bien n'être qu'une* contradictio in terminis. *« Le socialisme logique, c'est le socialisme autoritaire »,* continuait René Gonnard.

[69] À notre époque où l'hypersensibilité aux mots va de pair avec une douteuse maîtrise de leur emploi, est-il tout à fait superflu de préciser que « homme » veut ici dire « être humain » ?

l'homme : « *fait pour les humains d'être égaux **devant la loi**, de jouir des mêmes droits* » [70]. Et c'est très différent. C'est exactement là que git tout le problème de l'égalité.

C'est, en effet, un truisme que de dire que les hommes sont objectivement inégaux : santé, force, intelligence, caractère, éthique les distinguent tous à des degrés divers ; nulle loi n'y peut rien. Tel qui est plus intelligent et entreprenant l'emportera dans son domaine d'excellence sur tel autre, qui peut avoir d'autres qualités dans un autre domaine et y supplantera alors le premier. Leurs vies respectives ne seront pas identiques, ni vraiment comparables : « *Égalité* », écrivait Voltaire, « *vous n'entendez pas par ce mot cette égalité absurde et impossible par laquelle le serviteur et le maître, le manœuvre et le magistrat, le plaideur et le juge, seraient confondus ensemble; mais cette égalité par laquelle le citoyen ne dépend que des lois, et qui maintient la liberté des faibles contre l'ambition du plus fort* » [71].

Aujourd'hui, on serait moins sensible à cette discrimination – ce mot aujourd'hui sottement honni, j'y reviendrai –, mais bien plutôt à la « justice », mot lui aussi brandi à tous propos, à tort et à travers mais qui, néanmoins, trouve ici un emploi légitime : est-il conforme à la « justice » de traiter, de considérer de la même manière celui qui, par son industrie, contribue à la prospérité collective en même temps qu'à la sienne propre, et celui qui, peut-être par incompétence ou peut-être par indolence, voire parasitisme, n'apporte rien ou peu, voire coûte à la collectivité ? De la même manière, entre ceux dont l'apport à la collectivité est médiocre, voire lui coûte, traiter indifféremment celui à qui les disgrâces naturelles ont imposé sa misère et celui qui, par paresse, notamment, n'a pas fait l'effort d'utiliser ses aptitudes ? Et l'on pourrait multiplier les exemples à l'infini jusqu'à dire qu'il y a autant de situations distinctes que de citoyens. Alors,

---

[70] Robert numérique, V° Égalité.
[71] Voltaire, *Essai sur les mœurs*, lxvii.

égalité, notion abstraite ?

Et c'est Hugo, non suspect d'inhumanité, qui réalise la synthèse de l'égalité et de la « justice » : « *De la bonne distribution des jouissances résulte le bonheur individuel. Par bonne distribution, il faut entendre non distribution égale, mais distribution équitable. La première égalité, c'est l'équité* » [72]. L'équité, oui, et non pas la « justice », mot impropre que j'ai jusqu'ici employé volontairement, pour donner intentionnellement dans l'abus qui est journellement fait du mot en France. Car, à ne voir que la justice proprement dite, on devrait condamner sans nuance bien des pratiques et des dispositions légales, voire constitutionnelles, contraires à la justice ; d'un point de vue réaliste et pragmatique, cela serait évidemment excessif. Il convient donc de nuancer, aussi bien pour éviter pareil excès que, réciproquement, pour refuser de s'abriter sémantiquement derrière l'autorité forte de la « justice » proprement dite pour revendiquer un excès exactement inverse.

Un mot d'explication, donc, pour rappeler la distinction de l'équité et de la justice.

Dans sa forme institutionnelle, la justice peut se définir comme la reconnaissance du droit. C'est une notion objective [73], fondée sur le Droit ou la Loi (au sens substantiel), dans toutes ses formes, lois (formelles), règlements et même coutumes et qui reposent en France sur des règles le plus souvent écrites, en tout cas aisément

---

[72] Victor Hugo, *Les Misérables*, IV, i, iv.

[73] Objective ne signifie pas nécessairement à l'abri de toute discussion. Toute loi peut être critiquée, notamment en vue de son éventuelle modification ; on parle alors de discussion « de lege ferenda » (littéralement : à propos de la loi à adopter). Mais tant qu'elle n'est pas modifiée et qu'il s'agit de résoudre un litige, c'est la loi telle qu'elle existe positivement qui est seule pertinente ; on parle alors « de lege lata » (à propos de la loi adoptée, c.à.d. existante) ; elle ne peut alors se discuter qu'aux fins de son interprétation, si son application requiert celle-ci.

accessibles et dont l'adéquation à une question, litigieuse ou non, assure une réponse en conformité logique avec elles.

Le très éminent juriste qu'était Henri Capitant [74], définissait l'équité comme une « *conception d'une justice qui n'est pas inspirée par les règles du droit en vigueur et qui même peut être contraire à ces règles* » ; on voit aussi parler de « *justice naturelle* » [75]. Avec des mots différents, ces deux définitions ont ceci de commun, qui est proprement essentiel : l'équité naît de l'intuition de ce qui est juste et injuste (en cela elle est « naturelle ») et ne s'appuie pas sur la règle de Droit, du « droit positif » dit-on aussi, jusqu'à pouvoir lui être contraire ; en ce sens, elle a quelque parenté avec la coutume.

Justice et équité sont donc deux notions rivales, la première (*de lege lata*) surclassant par nature la seconde et celle-ci pouvant contribuer à une éventuelle modification (*de lege ferenda*) de celle-là. Or, il est d'expérience que, presque toujours, la revendication politique ou sociale de « justice », en réalité, signifie « équité », c'est-à-dire qu'elle manque à proprement parler d'objectivité. Et c'est pourquoi il faut insister sur le fait que, à la différence de la justice, **l'équité est une notion subjective** ; on parle même souvent de « sentiment » d'équité. Sans la mépriser ni la rejeter sans nuance, il faut ainsi bien comprendre que l'équité est une notion incertaine et, par là même, **socialement dangereuse** ; il est vrai que ce n'est pas d'emblée évident.

Revenant alors à l'égalité, cette valeur constitutionnelle, il faut y distinguer la part de la justice et celle de l'équité, qui ne saurait être le fondement proprement dit de la

---

[74] Henri Capitant (1865-1937), membre de l'Académie des Sciences morales et politiques, Traité de Droit Civil, publié avec Ambroise Colin et continué en 1953 par Léon Julliot de la Morandière.

[75] Grand Robert numérique : *Notion de la justice naturelle dans l'appréciation de ce qui est dû à chacun; vertu qui consiste à régler sa conduite sur le sentiment naturel du juste et de l'injuste.*

notion d'égalité. Ce serait faire de l'égalité, par construction, une notion étrangère, voire opposée au Droit, à la Justice. Comment envisager une telle réponse quand, historiquement, l'affirmation solennelle de l'égalité au cœur de la République, dès 1789, va de pair avec le choix de la Loi, expression formelle de la volonté du peuple souverain, en principe comme source unique du Droit [76], au lieu et place de la coutume, jusque-là source principale du Droit ? Que la coutume puisse encore être source de droit, soit qu'il y soit fait référence par la loi elle-même, soit qu'elle permette seule de combler une lacune de la loi, ne change rien au fait que, en principe, l'égalité ne doit pas conduire à faire une injustice à celui à qui elle est opposée. Ce serait, d'ailleurs, contraire à l'intérêt de la société elle-même. Ce ne serait donc pas réaliste. *« Ce à quoi il faudrait viser c'est moins à l'égalité des fortunes qu'à l'égalité des chances, c'est-à-dire procurer à chacun les mêmes possibilités de faire fortune »* [77].

Néanmoins, il n'est pratiquement pas possible de s'en tenir à une position ou tout effort vers l'égalité serait condamné sans équivoque ni nuance dès lors qu'il conduirait à une solution étrangère au Droit. Il est un adage célèbre qui exprime la relativité du Droit et de la Justice, inhérente à l'imperfection de toute chose humaine : *« summum jus, summa injuria »*, qu'on pourrait traduire par « à droit absolu, injustice absolue ». Néanmoins, l'injustice produite par le recours à l'équité dans un dessein d'égalité doit rester par nature l'exception, et non l'inverse ; ce n'est pas toujours dans l'esprit du temps, il s'en faut, et c'est grave.

Cette égalité, cet objectif étranger à la nature humaine et

---

[76] Au sens substantiel, la Loi s'entend aussi bien de la loi au sens formel que de tous les textes de caractère réglementaire.

[77] Charles Gide, Cours d'économie politique, 1929-1930, t. II, p. 135. Dirigeant du mouvement coopératif en France, il est peu suspect d'avoir été « réactionnaire », partisan : jugé trop bourgeois par les socialistes, il s'oppose pourtant aux libéraux. C'était en fait un chantre de la solidarité.

dont les limites et le contenu ne sont guère autrement définissables, quel est sa place dans l'appareil constitutionnel français, l'abus qui est fait du mot étant ainsi remis à sa juste place : un désir, un « idéal » et non un droit ? Car c'est bien son caractère que je dirais a-juridique qui est ici déterminant.

Dans les textes constitutionnels, comptant plus de treize mille mots, le mot « égalité » n'apparaît que sept fois [78]. C'est très peu et d'une signification très variable selon que le mot caractérise un droit ou un idéal.

La devise de la République fait, il est vrai, de l'égalité un des trois termes de la devise affirmée par l'article 2 de la Constitution actuelle [79]. Cela ne fait pas de l'égalité un droit ; une devise, si répandue soit-elle, n'a pas cette vertu. D'ailleurs, l'article 2 de la D.D.H.C., partie intégrante de l'appareil constitutionnel aujourd'hui en vigueur, est sans équivoque à cet égard :

*« Le but de toute association politique est la conservation des **droits naturels et imprescriptibles de l'Homme**. Ces droits sont la **liberté**, la **propriété**, la **sûreté**, et la **résistance à l'oppression** ».*

Ici absente, l'égalité n'est donc pas constitutive d'un droit, pas plus que la fraternité, d'ailleurs. Mais, comprise dans la devise républicaine, elle est comme telle, conçue comme un « idéal » par notre Constitution [80].

C'est là l'idée de base. Il pourrait d'ailleurs difficilement en être autrement, car un idéal ne peut accéder à la nature juridique qu'en se concrétisant dans une définition précise sujette à être ramenée à exécution par la contrainte, le cas échéant. À un type d'exception près : l'égalité peut accéder à cette nature quand il n'est pas nécessaire pour

---

[78] Et, si l'on cherche les occurrences de l'adjectif, on n'en trouve pas plus, touchant du moins à la situation des citoyens. Et l'adverbe, qui n'y apparaît généralement qu'en synonyme de « aussi », ne vise l'égalité des citoyens qu'une seule fois.

[79] art. 2 : *« La devise de la République est « Liberté, Égalité, Fraternité ».*

[80] Préambule, 2ème alinéa et Constitution, art. 72-3, 1er alinéa.

cela de définir les droits en cause. Ainsi, lorsqu'il s'agit d'égalité entre diverses catégories objectives de citoyens, sans distinction des droits concernés, ils peuvent alors être tous soumis à cette égalité. C'est le cas, consubstantiel à la démocratie, de la participation des citoyens à la « formation » de la « volonté générale », autrement dit la loi, de la soumission à celle-ci ou du bénéfice de sa protection [81] ; c'est aussi le cas, s'agissant de l'égalité entre femmes et hommes [82], ou des peuples d'Outre-mer [83]. Ajoutons maintenant, parce qu'ils sont exemplaires, l'égalité devant les calamités nationales [84] et devant les charges publiques [85].

Hormis ces cas, il importe de le répéter : **l'égalité n'est pas un droit**. Sa présence dans la Constitution est cependant loin d'être neutre. Mais elle n'est là qu'en qualité d'idéal, de « standard » au sens de mesure, de

---

[81] D.D.H.C., art. 6, 1ère phrase : « La Loi est l'expression de la volonté générale. Tous les Citoyens ont droit de concourir personnellement, ou par leurs Représentants, à sa formation ».

[82] Préambule 1946, art. 3 : « La loi garantit à la femme, dans tous les domaines, des droits égaux à ceux de l'homme ».

[83] Préambule 1946, art. 16 : « La France forme avec les peuples d'outre-mer une Union fondée sur l'égalité des droits et des devoirs, sans distinction de race ni de religion ». Préambule 1958, art. 2 : « En vertu de ces principes et de celui de la libre détermination des peuples, la République offre aux territoires d'Outre-Mer qui manifestent la volonté d'y adhérer des institutions nouvelles fondées sur l'idéal commun de liberté, d'égalité et de fraternité et conçues en vue de leur évolution démocratique » et Constitution, art. 72-3, 1er alinéa : « La République reconnaît, au sein du peuple français, les populations d'outre-mer, dans un idéal commun de liberté, d'égalité et de fraternité ».

[84] Préambule 1946, art. 12 : « La Nation proclame la solidarité et l'égalité de tous les Français devant les charges qui résultent des calamités nationales ».

[85] D.D.H.C., art. 13 : « *Pour l'entretien de la force publique, et pour les dépenses d'administration, une contribution commune est indispensable : elle doit être également répartie entre tous les citoyens, en raison de leurs facultés* ».

degré d'excellence. Sans doute, la Constitution l'évoque-t-elle à plusieurs reprises hors de ces cas ; l'article premier de la D.D.H.C. ne proclame-t-il pas, comme premier principe, que « *les hommes naissent et demeurent libres et égaux en droits* » [86] ? Avoir attendu jusqu'ici pour citer ce texte essentiel n'est un paradoxe qu'apparent. C'est qu'il annonce aussitôt, timidement certes, les limitations essentielles que, dans son application, l'« idéal » d'égalité doit connaître.

Voilà qui amène, en terminant cette étude de l'égalité, à aborder la question, particulièrement sensible, quand ce n'est pas irritante, de la « discrimination » dans les rapports sociaux de toutes natures.

Si je ne disposais que de quelques mots pour définir la place de la discrimination, je serais tenté de dire : « **Pas d'égalité sans discrimination** ». Provocation, comme on aime aujourd'hui stigmatiser toute affirmation claire d'un point de vue qui déplaît ? Certainement pas. Je ne fais là que mettre mes pas dans ceux de la Constitution.

La discrimination, avant toute altération du mot par une charge péjorative arbitraire, cela consiste à distinguer, à discerner, autrement dit à *« percevoir (un objet) de manière à éviter l'ambiguïté, la confusion »* [87]. Y aurait-il là matière à condamnation ? Bien au contraire, la discrimination, en elle-même, est un élément majeur d'une saine intelligence. « En elle-même », j'insiste là-dessus : en effet, adultérées, trahies, les meilleures choses peuvent devenir haïssables.

S'agissant de l'égalité, **la Constitution elle-même discrimine**. Que fait-elle d'autre quand, affirmant l'égalité des citoyens devant la loi, elle admet que l'utilité commune (justice ?) peut justifier des *« distinctions »* ? En

---

[86] V. aussi Constitution, art. 1er, 2ème phrase : « Elle (la loi) assure l'égalité devant la loi de tous les citoyens sans distinction d'origine, de race ou de religion ».

[87] Grand Robert numérique, V° Discerner. Au mot Discriminer, est signalée la synonymie du mot avec « discerner ».

effet, le texte historique mais toujours d'actualité de l'article 1er de la D.D.H.C., précité, poursuit : « *Les distinctions sociales ne peuvent être fondées que sur l'utilité commune* ». Timide annonce, disais-je, parce que l'expression « distinctions sociales » peut sembler atténuée par son flou même et que l'utilité commune ne couvre pas toutes hypothèses, mais les annonce cependant. Mais la D.D.H.C. va plus loin.

En effet, son article 6, après avoir affirmé l'égalité devant la loi et l'accès aux dignités et emplois publics, continue : « *... selon leur capacité, et sans autre distinction que celle de leurs vertus et de leurs talents* » [88]. Et pourquoi les inégalités de situation et de rémunération hors de la sphère publique ne seraient-elles pas justifiées de même par l'utilité commune et/ou les talents et mérites de chacun ? Réciproquement, cette même D.D.H.C. invoque les inégalités de « facultés » entre citoyens pour affirmer le principe de modulation de la répartition des charges publiques entre les citoyens. L'équité peut être le fondement d'une telle modulation, de même que la justice est au fondement des inégalités liées à l'utilité commune et aux mérites ou talents par nature inégaux des citoyens.

Il doit donc être tout à fait clair que dénoncer à tort et à travers, ici ou là, une « discrimination », sans la caractériser autrement, c'est manifester soit un esprit confus, soit une forme de malhonnêteté intellectuelle. Pourquoi ? Parce que, des textes cités, il résulte deux choses : il est légitime de discriminer dans la mise en jeu de l'égalité, voilà le principe ; cette légitimité naît de **l'adéquation objective du critère** qu'elle utilise à l'objet du droit revendiqué ou à l'obligation imposée par exception à l'égalité ; voilà sa condition. Le Conseil

---

[88] V. en ce sens le discours de Périclès rendant hommage aux morts du début de la Guerre du Péloponnèse (dans l'ouvrage du même titre, de Thucydide) : « *En ce qui concerne la participation à la vie publique, chacun obtient la considération en raison de son mérite, et la classe à laquelle il appartient importe moins que sa valeur personnelle* ».

constitutionnel ne dit pas autre chose [89].

Enfin, il faut être conscient que revendiquer l'égalité sans exception ni nuance, c'est ignorer la justice et compromettre la liberté. Ignorer la justice, car c'est refuser la reconnaissance adéquate des mérites acquis par tel ou tel, à la différence possible de l'ensemble des citoyens. Compromettre la liberté, car c'est de fait interdire toute initiative, toute action pour la seule raison qu'elle entraînerait une inégalité et sans considération de sa possible utilité commune ; or, liberté et égalité sont sans doute (à côté de la justice) les deux plus fortes aspirations de l'homme [90].

D'une manière comme de l'autre, c'est méconnaître lettre et esprit de la Constitution, notamment les articles 1er et 6 de la D.D.H.C. déjà cités. La dénonciation maniaque et sans... discernement de toute discrimination se révèle ainsi contraire à la démocratie, sans qu'il soit même nécessaire ou vraiment utile de supposer que tel est en réalité son but pour certains ; ce serait d'ailleurs tendancieux.

---

[89] Il valide des exceptions à l'égalité trop strictement comprise, « en admettant des modulations lorsque celles-ci reposent sur des critères **objectifs** et **rationnels au regard de l'objectif recherché** par le législateur et que cet objectif n'est lui-même ni contraire à la Constitution, ni entaché d'une erreur manifeste d'appréciation » ; V. site du Conseil, V° Le principe d'égalité.

[90] « *Si l'on recherche en quoi consiste précisément le plus grand bien de tous, qui doit être la fin de tout système de législation, on trouvera qu'il se réduit à deux objets principaux, la* liberté *et* l'égalité : *la liberté, parce que toute dépendance particulière est autant de force ôtée au corps de l'État; l'égalité, parce que la liberté ne peut subsister sans elle* ». Rousseau, Du contrat social, II, xi.

www.ingramcontent.com/pod-product-compliance
Lightning Source LLC
Chambersburg PA
CBHW030535290526
45786CB00004B/1727